ISABELLE DETHAN

Mémoire de Sable

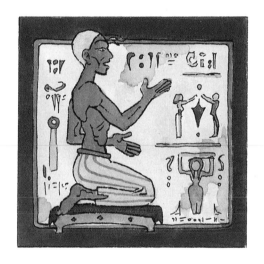

1. LA TOUR DU SAVOIR

Dans la même série :
Tome 1 : La Tour du savoir
Tome 2 : Cité-Morgane
Tome 3 : Lune noire
Édition intégrale

Du même auteur, chez le même éditeur :
• Le Roi Cyclope (trois volumes)
• Tante Henriette ou l'éloge de l'avarice

© 1993 GUY DELCOURT PRODUCTIONS

Tous droits réservés pour tous pays.

Mémoire de sable tome 1 : La tour du savoir
Dépôt légal : février 1993. I.S.B.N. : 2-84055-004-0
Mémoire de sable intégrale
Dépôt légal : mars 2000. I.S.B.N. : 2-84055-479-8

Lettrage : Jean-Marc Mayer
Conception graphique : Trait pour Trait
Photogravure : Scann 92

Achevé d'imprimer en février 2000
sur les presses de l'imprimerie Lesaffre, à Tournai, Belgique.
Relié par Ouest Reliure à Rennes.

www.editions-delcourt.fr

On dit que c'est la plus haute tour du monde... en son cœur une bibliothèque immense et sombre abrite tout le savoir de l'Univers ...

On dit aussi qu'un vieillard y déchiffre de vieux secrets en tournant des pages poussiéreuses plus que millénaires ... Une mémoire folle et rousse, capable de se souvenir de toute chose, lui tient seule compagnie depuis des siècles: la tour n'a pas de porte ...

Mais au sein de la terre, une femme veille, devant la seule entrée de l'édifice ... Gardienne de la tour, elle en est aussi la source et la base : sur ses épaules reposent les fondations du bâtiment ... la femme veille et attend encore et toujours...

1

... AINSI FINIT LE DIT...

LA NUIT TOMBE, NAOMI... ALLONS-Y...

AVEC L'HEURE, LES GARDIENS DES FOUILLES VONT SE FAIRE CHATOUILLEUX !...

...ET JE NE TIENS PAS À JOUER LES FINES LAMES POUR ÉVITER LES CACHOTS ! ALORS, SOYONS PRUDENTS !
....

MAHARAKET-DOUMEN... LA NÉCROPOLE DES ROIS DIVINS, HUIT GÉNÉRATIONS DE TYRANS S'Y BOUSCULENT ! ET CE PAUVRE SHEMENIT QUI ESPÈRE ÉCHAPPER À LA RÉVOLTE DE SON PEUPLE EN Y EXHUMANT LA PREUVE DE SON ASCENDANCE SACRÉE !

2

TU TE MOQUES, CONTEUR ! MAIS L'EMPEREUR PEUT VRAIMENT FAIRE OUBLIER SES PILLAGES ET SES IMPÔTS EN DÉNICHANT SA PREUVE DANS UNE DE CES TOMBES ! ...

LE PEUPLE A LE RESPECT DU SACRÉ ! REGARDE MA RACE... LES TARMENIS SONT PRÊTS À SE PROSTERNER DEVANT CE TYRAN POURVU QUE SA FILIATION SOIT RÉELLE ...

LES TARMENIS SONT STUPIDES COMME LE RESTE DES SUJETS DE L'EMPIRE. RIEN NE PEUT EXCUSER SA CRUAUTÉ !

DES SENTINELLES ! NE TRAÎNONS PAS TROP !

NON ! DES AMOUREUX ...TU ES TROP NERVEUX !

PROFANATEURS DE SÉPULTURES ?

MA VUE BAISSE !

3

GRANDS DIEUX, LE VILLAGE !

?!

MON VILLAGE ! LES IMPÉRIAUX PILLENT LE VILLAGE !

NOUS NE SOMMES QUE DEUX ! Y COURIR, C'EST ALLER À LA MORT !

MA PLACE EST AVEC LES MIENS !

NAOMI !

?

NAOMI ! ATTENDS ! C'EST DE LA FOLIE !

STUPIDE ANIMALCULE !

6

ILS ONT TOUT SACCAGÉ... ET ON NE VOIT PERSONNE ! ILS LES AURAIENT DONC EMMENÉS AUX CAMPS DE TRAVAIL ? MAIS POURQUOI ?!

ALLEZ DIRE AUX HOMMES QUE LA FÊTE EST FINIE! NOUS PARTONS!

BIEN, MON LIEUTENANT...

C'EST ÇA ! VA DONC PORTER TON MESSAGE, SOUS-FIFRE !

5

ET TOI LE CHEF SANS SCRUPULES, TU VAS REGRETTER DE N'AVOIR JAMAIS EU D'ÉTATS D'ÂME...

?!

CHEF ! CHEF !

? ?

REGARDER ! PENSER !
MAIS JE N'AI PENSÉ A'
RIEN, FIGURE-TOI !!
ILS S'EN SONT PRIS A' MON
VILLAGE , MES AMIS,
MA FAMILLE ...

"...MA
FAMILLE
..."

"..."

NAOMI...
JE TE PROMETS
QUE CES MAUDITS
IMPÉRIAUX VONT
PAYER ...JE
NE SAIS PAS ENCORE
COMMENT
"..."

"...JE
TE LE
JURE !

7

CONTINUE COMME ÇA NAOMI, ON SE PERDRA PLUS VITE !

QUAND CESSERAS-TU DE BOUDER ?

BOUDER, MOI ? APRÈS CE QUE TU AS LAISSÉ FAIRE ?! TU N'ES QU'UN LÂCHE, UN PEUREUX, UN PISSE-NAVET !!

TU ES FOLLE OU BIEN IDIOTE ! ILS ÉTAIENT TRENTE SOLDATS ARMÉS COMME CENT ! DIS PLUTÔT QUE ÇA T'AGACE DE CONSTATER QUE JE N'AI PAS L'INVULNÉRABILITÉ DES HÉROS DE LÉGENDE ! IL Y A UNE MARGE ENTRE LA RÉALITÉ ET MES HISTOIRES ! JE NE SUIS QUE LE CONTEUR !...

LÂCHE-MOI !!

ÇA PAR EXEMPLE ! JE ME DISAIS AUSSI QUE LE TEMPS DES RÉCOLTES ARRIVAIT ! VOICI DONC REVENU NOTRE CONTEUR !

ET EN CHARMANTE COMPAGNIE ENCORE ! ALORS, QUELLES HISTOIRES AS-TU GLANÉES LE LONG DES CHEMINS, QUE JE LES CÂLINE DE MA PLUME ?

8

UN PEU DE THÉ ?

THÉ DE QUALITÉ, MALHEURS OUBLIÉS... DIT LE PROVERBE !

TENEZ MADEMOISELLE, VOUS VOUS SENTIREZ BIEN MIEUX APRÈS ! ...

ÇELA VOUS CONSOLERA PEUT-ÊTRE AUSSI D'APPRENDRE QUE SOUS SES DEHORS JOYEUSEMENT ANIMÉS, NOTRE BONNE VILLE D'ABSENDA GRONDE CHAQUE JOUR UN PEU PLUS !

ET SI LA CAPITALE SE SOULÈVE, TOUT LE PAYS SUIVRA !... MAIS PARLONS PLUS GAI ! TU ES BIEN VENU POUR QUE JE TRANSCRIVE TES CONTES ? ALORS, ALLONS-Y !

AINSI FINIT LE DIT ...

EXCELLENT ! EXCELLENT ! TA LÉGENDE DE LA TOUR SURPASSE VRAIMENT TOUS LES AUTRES CONTES ! LE PUBLIC APPRÉCIERA !

BIEN, ALLONS SUBIR LA CORVÉE DE LA CENSURE IMPÉRIALE ! JE DOIS SOUMETTRE TES CONTES À LA LECTURE VIGILANTE DU GRAND BIBLIOTHÉCAIRE ...À CE SOIR, ALLEZ DONC VOUS PROMENER EN VILLE ! ...

9

ALORS, NAOMI ? TOUJOURS FÂCHÉE ?

NON... LE THÉ DEVAIT ÊTRE DE PREMIÈRE QUALITÉ !

11

CETTE TOUR !...

...CETTE TOUR ME NARGUE, MINISTRE !

JOUR APRÈS JOUR, ELLE ME RAPPELLE QU'ELLE RENFERME UNE MENACE POUR MON TRÔNE ! LES FAUSSES PREUVES QUE J'AI FAIT METTRE DANS LES TOMBEAUX DES FOUILLES, C'ÉTAIT EXCELLENT...

MAIS MON PLAN NE SERT À RIEN SI L'ON DÉCOUVRE QUE LA TOUR ABRITE UNE BIBLIOTHÈQUE... OÙ SONT EMPILÉES LES GÉNÉALOGIES ROYALES ME DÉSIGNANT COMME UN DESCENDANT DE BÂTARD... ET JE NE PEUX MÊME PAS LES DÉTRUIRE ! ...

...PROPRIÉTÉ DES PRÊTRES DEVANT LESQUELS MON PEUPLE S'AGENOUILLE BÊTEMENT, LA TOUR EST INTOUCHABLE !... J'AI TOUT ESSAYÉ POURTANT : LA CORRUPTION, LA RUSE...

AU FAIT, MANDRASSIN... QUE SONT DEVENUS LES DEUX DERNIERS AGENTS SABOTEURS QUE J'AI ENVOYÉS LÀ-BAS ?

10

AH! JUSTEMENT, VOTRE ALTESSE... NOUS LES AVONS, HEU... RETROUVÉS HIER, À UNE DEMI-JOURNÉE DE LA TOUR...

LEURS CORPS ÉTAIENT COMPLÈTEMENT DISLOQUÉS, COMME ÉCRASÉS PAR QUELQUE CHOSE!

MAUDITE TOUR! UN JOUR, SON SECRET CAUSERA MA PERTE!

QUI?

MAIS, VOTRE ALTESSE! PERSONNE NE CONNAÎT L'EXISTENCE D'UNE BIBLIOTHÈQUE DANS CE VIEUX BÂTIMENT QUI FAIT PARTIE DU TEMPLE RUINÉ!

CELA PEUT CHANGER À CAUSE DE CE MANUSCRIT QUI CONTIENT UNE LÉGENDE SE RAPPORTANT À LA TOUR!...

HUM... J'AI CROISÉ LE BIBLIOTHÉCAIRE QUI VOUS L'A APPORTÉ. PARDONNEZ MON AUDACE, SIRE SHÉMÉNIT, MAIS CE N'EST LÀ QU'UN CONTE VULGAIRE DESTINÉ À CHARMER LES SOTS!...

C'EST TA SOTTISE QU'IL ME FAUDRAIT PARDONNER!...

QU'UN ÉRUDIT CHAUSSE SES LUNETTES, ET IL NE MANQUERA PAS DE FAIRE LE RAPPROCHEMENT ENTRE LA LÉGENDE ET LA TOUR DU TEMPLE!

ELLES ONT LES MÊMES CARACTÉRISTIQUES! ET SI MON PEUPLE APPREND ÇA, ILS SERONT DEUX CENTS À FAIRE LE SIÈGE DE L'ÉDIFICE, LES PRÊTRES DERRIÈRE EUX, ET JE N'AURAI PLUS QU'À FERMER MES FOUILLES!

MON PAUVRE AMI, SI TOUS MES SUJETS AVAIENT TON INTELLIGENCE, JE POURRAIS REGNER SANS SOUCIS...

SEIGNEUR SHEMENIT...

TAIS-TOI ET ÉCOUTE !

D'AUTRES, PLUS MALINS QUE TOI PEUVENT FAIRE LE RAPPROCHEMENT ; IL IMPORTE DE DÉTRUIRE TOUT INDICE MENANT À LA TOUR !

ALORS, EXÉCUTE MES ORDRES, MINISTRE,... FAIS DISPARAÎTRE TOUTE TRACE DES MANUSCRITS ; UN DOUBLE DOIT SE TROUVER CHEZ LE SCRIBE QUI NOUS A FOURNI CECI...

...JE NE VEUX PAS QUE CETTE LÉGENDE SE RÉPANDE DANS LA POPULATION ... AUSSI, OCCUPE-TOI DU CONTEUR, DU SCRIBE ET DE LEURS PROCHES !

FAIS LES TUER !

12

S'IL VEILLE ENCORE, LE SCRIBE SERA HEUREUX DE TE VOIR AINSI ATTIFÉE ; IL ADORE LES FEMMES NIPPÉES !

J'AIME BIEN LA COUPE DU TISSU... HEIN, LE CONTEUR ?

...

HUM... NE CROIS PAS QUE J'OUBLIE LES MIENS SI VITE ! J'ESSAYE JUSTE DE CALMER MA TRISTESSE ...

AUCUN REPROCHE DE MA PART, MA CHÈRE... TU SAIS, TU ES PLUTÔT...

OUI ? JE SUIS ...

SCHTT ! IL S'EST PASSÉ QUELQUE CHOSE... DIEUX !

LE SCRIBE !

AAHH... CONTEUR ! TA LÉGENDE DE LA TOUR M'A CAUSÉ BIEN DU MALHEUR ! ILS SONT PARTIS ?... ILS VOULAIENT LA DÉTRUIRE ...

J'ESPÈRE QU'ILS ONT TROUVÉ CE QU'ILS CHERCHAIENT... SINON, ILS VONT REVENIR ET SANS DOUTE ASSEZ VITE !

?

LE MALHEUREUX S'EST ÉVANOUI ! FILONS DE SUITE ! JE VAIS LE PORTER ...

IL FAUT TROUVER DES PANSEMENTS...DIS,...ILS ONT BRÛLÉ LE MANUSCRIT !

13

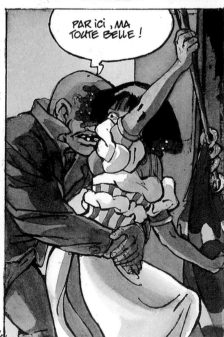

MA CHÈRE, COMPLIMENTS ! AVEC UNE TRINGLE À RIDEAUX.... TU DEVIENS REDOUTABLE ! TU M'ENSEIGNERAS LA CHOSE ?

BON. NE TRAÎNONS PAS TOUT DE MÊME ...NOTRE AMI LE NAIN VA NOUS RAMENER DU MONDE !... ON EMMÈNE LE SCRIBE !

SOTTISE ! "POUR VITE ALLER VA LÉGÈREMENT CHARGÉ "!...C...CACHEZ-MOI DERRIÈRE L'ALCÔVE .J'Y SERAI EN SÛRETÉ !

PRESSE-TOI, NAOMI, J'ENTENDS LEURS PAS !

HI! HI! HI! LES VOILÀ !

UN CUL-DE-SAC... C'EST UN CUL-DE-SAC !

... ET TU N'AS PLUS TA TRINGLE À RIDEAUX ! ... COMPRIS !

ESSAYONS DE TE FAIRE PASSER LÀ AU-DESSUS !

16

CONTEUR ! NAOMI ! C'EST L'AUBE !

J'AI RÉFLÉCHI À VOTRE CONTE. J'EN AI PEUT-ÊTRE LA SOLUTION... SAVIEZ-VOUS QUE C'EST TIRÉ D'UN MYTHE WIGGI'S ?

WIGGI'S ?

ALLONS, CONTEUR, VOUS N'ADHÉREZ PAS AU RACISME GÉNÉRAL, J'ESPÈRE ?... LES WIGGI'S, MALGRÉ LEUR PEAU BLÊME ET LEUR PETITE TAILLE...

ASSEZ, MADAME ! ÉPARGNEZ-MOI LE DISCOURS ! IL FAIT À PEINE JOUR ET J'AI MAL À LA TÊTE ! EN OUTRE, JE N'AI RIEN CONTRE LES WIGGI'S !...

BON. VOTRE TOUR FAIT PARTIE DE LEUR MYTHOLOGIE. ILS N'EN VEULENT PAS DIRE PLUS !

VOUS LES AVEZ VUS CETTE NUIT ?

MA SERVANTE EST WIGGI'S... EN BREF, ILS ACCEPTENT DE VOUS EMMENER CHEZ EUX. ILS DISENT QUE LA SOLUTION À VOS PROBLÈMES S'Y TROUVE !

FORMIDABLE ! UN PETIT VOYAGE DANS LES CATACOMBES MAINTENANT ! ENFIN, ALLONS-Y, APRÈS TOUT PLUS VITE NOUS SERONS PARTIS, MOINS VOUS COURREZ DE RISQUES !

JE VOUS FAIS SORTIR PAR L'ARRIÈRE, VOUS PASSEREZ PAR LES TOITS... J'AI IDÉE QUE LA RUE DOIT ÊTRE SURVEILLÉE EN PERMANENCE. SOYEZ PRUDENTS !

18

VOICI VOTRE GUIDE : LIDA !

20

ALLONS
'''

ET OÙ ALLONS-NOUS ?

LÀ-
DEDANS!

QUOI ?... DANS UN
TEMPLE FUNÉRAIRE
DOMESTIQUE ?!

?!

NON ! DESSOUS !
IL FAUDRA TRAVERSER
LA TOMBE !

HÉ ! HÉ ! MOI JE VIENS DE GAGNER
MA
JOURNÉE !
'''

LOCALISÉS !

VA AVERTIR LES
AUTRES : ICI
LE PLUS VITE
POSSIBLE, AVEC LE
"MATÉRIEL"
NÉCESSAIRE
'''

19

NE SOYEZ PAS TIMIDES! LA TOMBE N'ABRITE AUCUN HÔTE!

VOUS ALLEZ PRENDRE CES FIOLES PLEINES DE POUDRE LUMINEUSE. ESPÉRONS QUE ÇA SUFFIRA À VOUS ÉCLAIRER!...

SURTOUT GARDEZ L'OEIL OUVERT! NE METTEZ PAS LA TÊTE DANS LES OISEAUX!...

?! ELLE RADOTE, OU ELLE PARLE WIGGI'S?

MAIS...!?

ENLEVEZ-MOI CET EMPLUMÉ DE LÀ!! ...

22

CESSEZ DE GÉMIR CONTEUR ! NOUS ARRIVONS CHEZ MOI !

ILS NE VOUS APPROCHERONT PAS... VOUS ÊTES INTOUCHABLES ! MOI AUSSI : JE TRAVAILLE DEHORS ...JE NE SUIS PAS PURIFIÉE !...

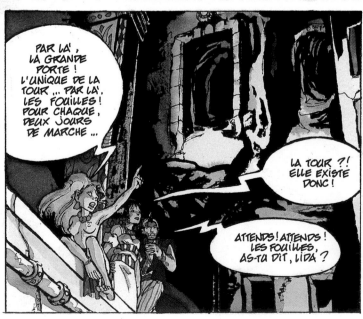

PAR LÀ, LA GRANDE PORTE ! L'UNIQUE DE LA TOUR ... PAR LÀ, LES FOUILLES ! POUR CHAQUE, DEUX JOURS DE MARCHE ...

LA TOUR ?! ELLE EXISTE DONC !

ATTENDS ! ATTENDS ! LES FOUILLES, AS-TU DIT, LIDA ?

MAIS ... LES IMPÉRIAUX N'ONT PAS ENCORE ATTEINT LES TOMBEAUX SOUTERRAINS !!

ÇA FAIT POURTANT UN MOIS QUE LEURS SAVANTS Y TRAVAILLENT ... MAIS JAMAIS ON N'ÉCOUTE UN WIGGI'S ...

CURIEUX TOUT ÇA !!

TES ESPRITS SEMBLENT AVOIR UNE PRISE DE BEC AVEC LES GUITS ROUGES... LE NAIN ET SES HOMMES ONT TROUVÉ L'ENTRÉE DU TOMBEAU, HEIN ?

ALLONS ! PAS DE PANIQUE ! LES GUITS ROUGES SE CHARGERONT DE LES FAIRE DANSER ! VENEZ !

?

EUX, ILS S'EN VONT GUETTER : ON NE SAIT JAMAIS, LA MILICE EST TENACE... ASSEYEZ-VOUS LÀ ! SECRÈTE

ÇA NE FERAIT MÊME PAS DE JOLIES CICATRICES, CES COUPS DE SERRES !

VOICI DE QUOI BANDER VOS ÉGRATIGNURES. NOUS PARTIRONS JUSTE APRÈS !

TERMINÉ ?... BON ! PRENEZ CES SACS. DEUX JOURS DE MARCHE DANS NOS SOUTERRAINS, C'EST UN VOYAGE !

AH OUI. UNE PRÉCISION : JE VOUS MONTRE LA PORTE MAIS JE NE RENTRE PAS DANS LA TOUR... SA MAGIE EST DANGEREUSE !

PARFAIT ! FAITES BIEN FLAMBER VOS TORCHES... J'AI IDÉE QUE CELA NOUS ÉVITERA D'AUTRES ENNUIS !

23

SAVEZ-VOUS QUE J'EN AI ASSEZ ?

VOUS ENTENDEZ ? ASS ...EEEH ?!

NAOMI !

PFF... DES LÉGENDES QUI EXISTENT ...DES PORTES DÉFENDUES PAR LA MAGIE... DES ...

AAAAH !

NAOMI !

... C'EST BON ! JE TE TIENS !

TU SAIS ... JE SUIS UNE FILLE DU DÉSERT , MOI, PAS UNE CONTORSIONNISTE NAINE OU UNE ACROBATE DE FOIRE !...

BON , LA FILLE DU DÉSERT... TU NE VAS PAS RESTER ÉTALÉE LÀ COMME UNE PLANTE GRASSE ?

TU PEUX ME DIRE POURQUOI TU TIENS TANT À VISITER LA TOUR ?

DISONS QU'EN TANT QUE CONTEUR IL M' INTÉRESSE D'ALLER CONSTATER LA RÉALITÉ DE MES CONTES !

EN FAIT, L'EMPEREUR SAIT QUE LA TOUR EXISTE ... IL NE VEUT PAS QUE LA NOUVELLE S'ÉBRUITE ... IL TENTE D'ÉLIMINER LA LÉGENDE !
...

ET LE CONTEUR !

LA TOUR DOIT RENFERMER QUELQUE SECRET BIEN ENNUYEUX POUR NOTRE SOUVERAIN !

24

ET JE VEUX SAVOIR CE QUE C'EST !

TOI, TU AS UNE IDÉE SOUS LE CRÂNE !

L' EMPEREUR JOUE LES ÉQUILIBRISTES SUR SON TRÔNE !

ET MOI, JE VAIS ENCORE ME CASSER LA GUEULE !

N'OUBLIONS PAS QUE SEULE LA PREUVE DE SON ASCENDANCE DIVINE LE RÉHABILITERA AUPRÈS DU PEUPLE ! LA MOINDRE BROUTILLE PEUT LE RENVERSER !

LA TOUR, SUIVANT LA LÉGENDE, CONTIENT TOUT LE SAVOIR DU MONDE... ALORS POURQUOI PAS UNE LISTE DES DYNASTIES IMPÉRIALES DÉVOILANT SON ILLÉGITIMITÉ PROBABLE ?

ON VA LE METTRE À BAS !

EN FAIT, LES FOUILLES ORGANISÉES PAR L'EMPEREUR ME PARAISSENT DE PLUS EN PLUS SUSPECTES... VOIRE PARFAITEMENT TRUQUÉES... TU SUIS, NAOMI ?

LES COULOIRS DEVIENNENT TROP NOMBREUX. AMENEZ-MOI DONC NOTRE PETIT PRISONNIER, QU'IL NOUS ÉCLAIRE !

25

ET SOIS PRÉCIS, MON GARS, TU NE VOUDRAIS PAS FINIR COMME TES CONGÉNÈRES, AVEUGLÉ PAR LES TORCHES ?

QUELS SONT CES PAS EN MON DOMAINE ?

DES VISITEURS ! MA FOI, LE MONDE SE SOUVIENT DONC ENCORE DU SECRET DE LA TOUR ?

BON, ALLONS-Y !

PLUS UN PAS, MALHEUREUX ! VOULEZ-VOUS FINIR LÀ VOTRE VIE AVANT MÊME D'AVOIR TENTÉ DE LA GAGNER EN TRIOMPHANT DES ÉPREUVES ?

?

. . .

UN SEUL PONT POUR ACCÉDER À LA TOUR ! LES AUTRES NE SONT QUE MIRAGES ! DÉCOUVREZ LE VRAI DU FAUX !

ILS ARRIVENT !!

IL FAUT REFERMER LES PORTES ! LIDA !

LIDA ! NE RESTE PAS LÀ ! VIENS ! VITE !

NON !... NON ! JE N'ENTRERAI PAS ! J'ATTENDRAI DEUX JOURS DEVANT LA TOUR !

LES PORTES CÈDENT !

JE SAIS... ON ENTRE COMME DANS UN MOULIN, ICI !

PRÉPARE-TOI À TOUT LÂCHER D'UN COUP... ATTENTION ! MAINTENANT !

28

31

30

AAAHH!

J'AI BIEN CRU TE PERDRE... TU AS DES MUSCLES D'ACIER !

SURVIVRE N'EST PAS LE TOUT, ENCORE FAUT-IL PASSER ! UN BON CONSEIL : AU PONT SOLIDE, LES BONS EMBLÈMES !

31

VONT-ILS RÉUSSIR ? C'EST SI SIMPLE, MON TRÉSOR ...

DES EMBLÈMES ? MAIS TOUS LES PILIERS EN SONT COUVERTS !
...

DEUX PONTS SONT DÉTRUITS! DONT CELUI QUI PORTE LE SYMBOLE DE LA TOUR
...

RESTENT TROIS
...

VOYONS ... ICI, NOUS SOMMES DANS L'UNIVERS DE LA FEMME DE MA LÉGENDE ... PUISQUE CE NE SONT PAS DES SYMBOLES DE LA TOUR QU'IL FAUT CHERCHER ... ESSAYONS LES EMBLÈMES FÉMININS ... ÇA NOUS MÈNERA PEUT-ÊTRE VERS LA STATUE !
...

CHEZ LES TARMÉNI, LA SPIRALE EST UNE FIGURE FÉMININE... EH ! TIENS ! REGARDE ! LA LUNE ! ÇA POURRAIT CONVENIR !

ÇA POURRAIT ... LES TROIS PHASES DE LA LUNE ... LES TROIS ÂGES DE LA FEMME AH, MAIS NON ! VOIS : DES TÊTES DE MORT ! CE PONT-LÀ NOUS PRÉCIPITERAIT DROIT VERS L'ENFER !

RAPPELLE-MOI DE TE FAIRE UN PETIT COURS SUR LE SUJET, SI ON ÉCHAPPE AUX TROIS TONNES DU MONSTRE AQUATIQUE ... BON ... QUE DIT LE PORTIQUE ?

UNE GROTTE : ÇA RAPPELLE LE VENTRE FÉMININ ET LA CAVERNE OÙ NOUS SOMMES ... DES PLANTES, DE L'EAU AU-DESSOUS ... LA FEMME SURMONTÉE DE LA PLEINE LUNE ; DONC LA FEMME EN PLEINE MATURITÉ ... SOURCE DE TOUTE CRÉATION ! OUI ! TOUT À FAIT, NOTRE DAME DE LA TOUR ! CE NE PEUT ÊTRE QUE ÇA ! ...

ALORS, ON Y VA ?

ON Y VA !

ÇA ... ÇA MARCHE !

ESPÉRONS !

32

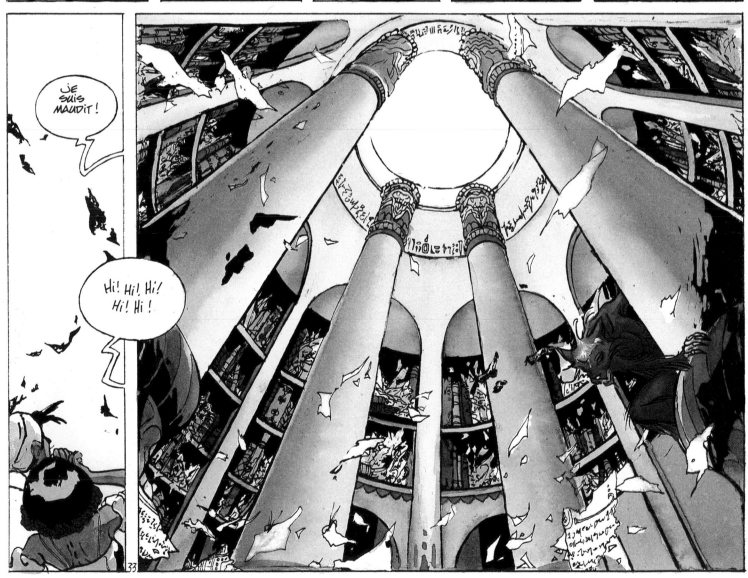

HI! HI!
HI! HI! HI!

?

IL A RÉUSSI !
MES PAUVRES LIVRES !
DES
MIETTES !

QUOI ?

TOUT UN UNIVERS
EN LAMBEAUX...

HI!
HI! HI!

COMMENT ÇA,
EN LAMBEAUX ?

DES MITES
FRIANDES
DE
PAPIER,
ICI!
EN CE
LIEU
SACRÉ !
...

TOUT CELA GRÂCE
À L'EMPEREUR
SHEMÉNIT !
IL A GAGNÉ !
...

HI!
HI! HI!
HI!...

ARRÊTE
DE RIRE
PETIT
MONSTRE !
...

TANT
D'EFFORTS
POUR RIEN !
ARRÊTE
DE
RIRE !

CESSEZ
CES
BÊTISES !
LA MÉMOIRE
N'EST PAS
MÉCHANTE !
...

JUSTE
UN PEU
FOLLE !

JE CROIS QUE JE VAIS
DEVENIR FOU À MON TOUR !
TOUS MES ESPOIRS
S'EFFONDRENT...,
OÙ CHERCHER À PRÉSENT
LES PREUVES
POUR CONFONDRE
SHÉMÉNIT ?
...

34

OH!... UNE MÉMOIRE SACRÉE!

LIDA! VOUS AVEZ RÉUSSI... DIEUX ÉTERNELS SOYEZ LOUÉS!

HI! HI! HI ... VOYEZ L'EFFET PRODUIT! L'IDÉE DU CONTEUR MARCHERA!... ON ÉCOUTE UNE MÉMOIRE! DEMAIN, ELLE FERA MERVEILLE! ...

MAIS, QUE FAITES-VOUS?

AUCUNE PORTE POUR ENTRER ... MAIS UN PASSAGE POUR SORTIR!... LES VOILÀ!

CLIC CLAC! JE FERME!

RIEN NE SORTIRA PLUS D'ICI JUSQU'À MON RETOUR ... MÊME LES MITES!

?

ME VOILÀ SUR LES ROUTES À PRÉSENT! RECONSTITUER TOUS LES RAYONNAGES DE CETTE BIBLIOTHÈQUE VA ME PRENDRE PLUSIEURS SIÈCLES ...

ADIEU!

MAIS... VOUS AVEZ LA MÉMOIRE, ET...

LAISSE! IL M'A TOUJOURS DIT PRÉFÉRER SES LIVRES À MA RÉCITATION MONOTONE ...

36

ET MAINTENANT ? QU'ALLEZ-VOUS FAIRE ? OÙ IREZ-VOUS ?

AUX FOUILLES ! DEMAIN SERA LE JOUR OÙ LA FOULE AURA ACCÈS AUX TOMBEAUX !

PETITS ET GRANDS POURRONT Y ADMIRER LES RESTES DE GRAND-PAPA SHÉMÉNIT ... LA MÉMOIRE AUSSI AURA SON HEURE DE GLOIRE SI JE RÉUSSIS À L'Y EMMENER !

OH ! VOILÀ QUI EXPLIQUE LA TRISTESSE DE NAOMI ... LES GARDIENS FOURMILLERONT AUTOUR DES FOUILLES CETTE NUIT !...

TU NE REVIENDRAS PAS !

IDIOTE !... GARDE-MOI LE MANTEAU : LA LUNE EST HAUTE, IL FERAIT TÂCHE SUR LE SABLE.

HÉ ! T'ENDORS PAS ! C'EST L'HEURE DE LA RELÈVE ! LES AUTRES PATROUILLENT DÉJÀ !
...

ENCORE UNE NUIT BLANCHE POUR RIEN !

CHUUT ! TAIS-TOI, TU N'AS PAS VU QUELQUE CHOSE ?

QUI SE RISQUERAIT DANS UN ENDROIT QUI SENT AUTANT LA POUDRE À CANON ?

'SUIS PAS NYCTALOPE, MAIS ...

...FAUT VOIR...

HA! HA!... LA BONNE PRISE !... MAUVAISE NUIT POUR TOI, MON GARS ! ...

DIS DONC. IL N'A RIEN SUR LUI... ALORS QU'IL VIENT DES FOUILLES, Y'A PAS À EN DOUTER !

ALLONS! LÈVE-TOI !

ALORS, SI T'ES PAS VOLEUR DE PROFESSION, QU'ES-TU VENU FAIRE ICI ?

ALLONS! AVANCE, LE MUET ! DANS UN QUART D'HEURE, TU SERAS BAVARD !

! ...

HÉ ! MAIS C'EST LUI !

38

40

41

SAVEZ-VOUS, CONTEUR, QUE VOUS M'AVEZ FORT SOUVENT EMPÊCHÉ DE DORMIR ?

... ET QUI TROUBLE LE SOMMEIL DE L'EMPEREUR MÉRITE BIEN LE REPOS ÉTERNEL... VOUS NE CROYEZ PAS ?
...

PAR AILLEURS, VOS RÉPONSES À L'INTERROGATOIRE NE M'ONT PAS FASCINÉ...

JE NE VOUS CROIS PAS SOT AU POINT DE VOUS PROMENER AVEC UNE ÂME DE VOLEUR SUR UN CHANTIER GARDÉ COMME UN COFFRE-FORT !

SIRE, TOUT EST PRÊT !

MAIS CELA N'A PLUS GUÈRE D'IMPORTANCE... OUI ?

BIEN. IL FAUT QUE JE VOUS LAISSE...

ET POUSSEZ-VOUS! VOUS ENLAIDISSEZ CET ESPACE !

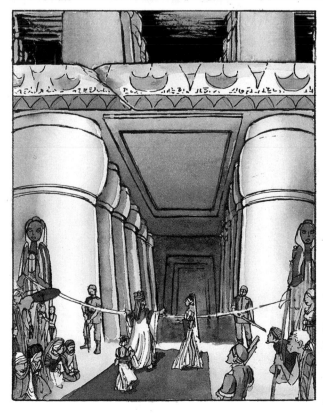

MOI, SHÉMÉNIT VII, DÉCLARE CES TOMBES DESCELLÉES POUR LA PLUS GRANDE GLOIRE DE MA LIGNÉE !

POURVU QUE TOUT SE PASSE BIEN COMME PRÉVU !

VOYEZ !
ET QUE LES PREUVES
DU PASSÉ VOUS CONFONDENT !
LAISSEZ PASSER
LE GRAND TRADUCTEUR !

LES INTRIGUES
POLITIQUES
L'INDIFFÈRENT !

IL
SERA
OBJECTIF !

OUI ... OUI ...
LES CARACTÈRES NE
TROMPENT PAS ! LE GRAND-
PÈRE DE L'EMPEREUR EST
REPRÉSENTÉ COMME
LE FILS DU DIVIN
NHEM ...

?!

TES YEUX
SONT USÉS,
GRAND TRADUCTEUR,
MAIS MA
MÉMOIRE EST
VAILLANTE !
ÉCOUTE !

... LORSQUE
L'EMPEREUR NHEM
MOURUT AU
SEPTIÈME JOUR DU
MOIS DE
TAMETH ...

42

... LE BÂTARD QUI
PRIT LE NOM DE SHÉMÉNIT V
S'EMPARA DU TRÔNE
GRÂCE À L'APPUI DE L'ARMÉE
ET DES NOBLES
ET FIT DISPARAÎTRE
L'ENFANT LÉGITIME
...

44

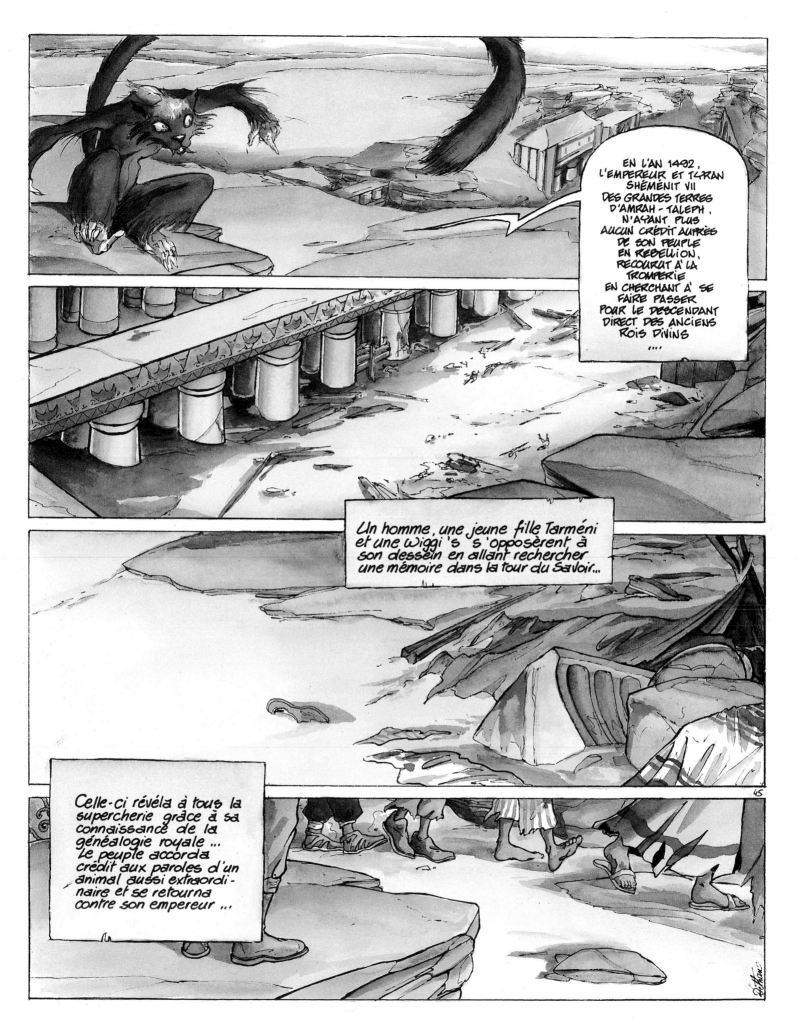

EN L'AN 1492, L'EMPEREUR ET TYRAN SHÉMÉNIT VII DES GRANDES TERRES D'AMRAH - TALEPH, N'AYANT PLUS AUCUN CRÉDIT AUPRÈS DE SON PEUPLE EN REBELLION, RECOURUT À LA TROMPERIE EN CHERCHANT À SE FAIRE PASSER POUR LE DESCENDANT DIRECT DES ANCIENS ROIS DIVINS ....

Un homme, une jeune fille Tarméni et une Wiggi's s'opposèrent à son dessein en allant rechercher une mémoire dans la tour du Savoir...

Celle-ci révéla à tous la supercherie grâce à sa connaissance de la généalogie royale ... Le peuple accorda crédit aux paroles d'un animal aussi extraordinaire et se retourna contre son empereur ...

45

Malheureusement Shéménit VII par prudence, avait rappelé à lui ses armées fidèles et les tenait prêtes mais cachées ... À son signal, les troupes intervinrent...

Le massacre du septième jour du Mois d'Amèh compta plus de cinq mille victimes ...

... Les rares survivants furent emmenés par les troupes, afin d'être vendus comme esclaves aux Seigneurs Deggey du Nord ...

46

Ce septième jour du Mois d'Amèh, je partis les rejoindre et quittai le pays d'Amprah-Talepti désormais en proie à la dictature la plus féroce ...